AF218569

Mariano Peyrou

Flecha de nosotros

PRE-TEXTOS, POESÍA

I. la flecha

un mundo se termina
        siempre

la punta de la flecha ya era roja
tú la veías roja y yo la veía roja

la flecha no tiene por qué dar en el centro
      la flecha surge del centro

la flecha no tiene por qué atravesar un corazón
      puede bastar con que atraviese un pájaro
      puede bastar con que atraviese el aire
      puede bastar con que impacte contra un árbol
         y quede clavada
         o caiga al suelo
      puede bastar con que atraviese una idea
         una costumbre
         una época

es difícil confundirse con el vacío,
              aunque

aquí tampoco hay dar ni recibir, sino una mirada
que nos contiene
    un abrazo que nos contiene
miramos un pájaro que podría salir volando
y nos abrazamos en su vuelo
    a su vuelo
abrazamos su vuelo y su permanencia en el aire

el corazón no tiene por qué ser rojo

miramos ahora
las cosas y los pájaros de febrero y marzo
    radiantes de imágenes
    pletóricos de frustración

es difícil identificarse con el vacío,
                pero
había que vaciarse, había
un lago de la imaginación
    un lago en el tiempo

ahora la flecha no implica ser uno mismo
sino eso que hace que uno vaya infinitamente
más allá de sí mismo

como cuando escucho música frente al semáforo rojo
y me pongo de puntillas
ahora de puntillas
ahora no
para canalizar la energía de nosotros
mientras no puedo caminar

como cuando la música se pone de puntillas
y toda la esperanza de la pieza parece concentrarse
ahora
un instante de precisión y sueño

ahora camino infinitamente

una cosa era valorar la precisión de los sueños y otra
es cumplir un sueño con precisión
sabiendo que caiga donde caiga estará bien
caiga donde apunte o donde vuele

el sueño es la configuración de un mundo

ahora infinitamente más allá del corazón
    infinitamente al fondo del pájaro

el pájaro es la flecha que no le da

el sueño no es algo concreto
es un pájaro de las ideas
ola sin playa que lavar
ola sin espuma que besar
ola sin agua ni idea de ola

flecha sin blanco
vuelo sin flecha
blanco sin límites

II. la precisión

en la oscuridad había que llenar un cántaro

tuve que llenar una botella en la oscuridad
        para regar las plantas
y la llené de oído
      debajo del grifo
      se iba llenando y el sonido
            cada vez más agudo

me pregunté si se iba a desbordar

no me había dado cuenta de ese sonido
ese sonido me cuidaba en la oscuridad
      cuidaba la botella y las plantas
ese sonido cada vez más agudo
dibujaba una línea en la oscuridad

un mundo se termina y va entrando el olvido

ahora yo somos ese cántaro que se llena en la oscuridad
      que no se veía pero se oía
      si se hubiera sabido escuchar

9

ahora miramos la idea de años perdidos
esa idea es un error bellísimo
         una imprecisión exacta

todo está lleno y vacío de ideas y de nosotros
y no se sabe nada
         hasta que ocurre la oscuridad
         si se supiera escuchar

la oscuridad se escucha con los ojos

en la oscuridad dormimos exactamente y sabemos
viajar juntos hacia atrás
         hacia los años perdidos
         hacia la infancia de las ideas
y nos miramos con precisión
un abrazo demasiado largo para antes
una caricia demasiado íntima para ahí

ahora la precisión del olvido para borrar la idea de causa
         para borrar la linealidad,
                           el sentido

el olvido le presta sus rasgos al deseo
    le presta sus suaves pero no su blanco
    le presta su vacío

un calendario con un solo día

íbamos alucinados por los supermercados del mundo

el olvido borra la culpa pero no sus efectos
el olvido borra el miedo pero no sus ojos
el deseo borra la idea de causa

la precisión se enamora del deseo
el olvido se enamora de la confianza
ahora se enamora de aquí

III. el rojo

la veíamos roja porque
    la punta de la flecha ya era roja

era tan obviamente roja como el presente es obviamente rojo
como el rojo es obviamente presente
                       y se actualiza
cada yo, cada ahora
cada aquí

el rojo es el espacio que hay entre yo y nosotros
el tiempo que pasa entre el corazón y la sangre

el naranja es más rojo que el rojo
como la plenitud de la flecha se actualiza
como su punta se transforma
en dátiles que llueven
sobre las palmeras más lejanas del mundo
    las palmeras más lejanas a mí
en avellanas que flotan
sobre los lagos más profundos del cuerpo

los lagos más cercanos donde te bañas tú
te bañas en el pasado, ahora siempre

llevo una palmera en la memoria desde los veinte
años, desde los trece llevo
la huella de una lengua en la lengua,
                                        al fondo
del pasado, en el extremo de las ideas

una palmera en lo más íntimo y naranja
del cuerpo y del deseo

la boca es el espacio de la intimidad
el rojo es el tiempo de la intimidad
        el naranja

tú llevas dátiles y un sabor a avellanas en la lengua
y unas ideas a las que rojamente
        me voy asomando ahora
una biografía dibujada en el cuerpo
una historia llovida en las nubes más cercanas
un sufrimiento dibujado por la alegría
        y el miedo al fondo de los ojos

llevas una ternura roja
    naranja

el vuelo desborda el pájaro

nos miramos a la velocidad de la nieve

y tus lagos se alían con mis lágrimas
    tus ojos desbordan tus lágrimas
una emoción sin sufrimiento
    o con un sufrimiento emocionante
hermoso
como nuestro cuerpo húmedo y naranja
como el rojo de nosotros

IV. la velocidad

soy un cántaro, dice el agua
vas muy rápido, dice el lago

el espacio que hay entre la caricia y el cuerpo
es el que recorre la flecha, es
como el tiempo que pasa mientras se llena
el cántaro, el tiempo negativo
que transcurre mientras una lengua
recorre unas encías, como la inmensa
distancia que hay entre los números
      entre el final de un número
      y el principio del siguiente
o entre los días
      entre el principio de un día
      y el final del anterior
pequeñas pausas en las que se acelera
y se detiene el latir de la vida

el espacio que hay entre aquí y ahora es enorme
el tiempo que hay entre ahora y aquí es diminuto

el pájaro vuela desde el espacio hacia el
tiempo, dibuja en su aire
el tiempo que había entre el cuerpo y la caricia,
dibuja en el cielo el ritmo del agua
  que llena una botella que se desbordaría
  que llena un cántaro que sigue vacío

llevamos la sombra de un pájaro en el
pájaro, la presión de un pájaro
en el pájaro, la violencia de un pájaro
en la flecha, la ternura de la flecha
en un pájaro

llevamos el ritmo del agua en la caricia,
la respiración del agua que entra por los ojos
y sale por la boca
  sale por los ojos
y cae en el cántaro

miramos la velocidad de la nieve
que entra por el pájaro
y sale por el niño
  sale contra el tiempo
y cae sobre el lago

la violencia es esclava del ritmo
la esperanza es amiga del ritmo

el ritmo tiene dos alas
    una es la velocidad
    otra es la respiración

la flecha es una alianza entre la velocidad y la lentitud
    entre el deseo del blanco y el olvido del pájaro
    entre el número y su pausa
        entre el centro del número y su borde
    entre el lago y el cielo

la palmera se enamora de la nieve

la alegría dibuja el sufrimiento
    como la evaporación dibuja el lago
    como la velocidad dibuja el pasado
    como el olvido dibuja el calendario

la línea sueña una alianza entre el blanco y la flecha
    entre el corazón del blanco y la sangre de la flecha

la flecha va de lo que no se dice a lo que no hay
por qué decir, va
de lo que no hay por qué decir a lo que no
se dice,
pero no ha vuelto, avanza
por una línea de sentido único

la nieve es lo que no va

el pájaro no sueña
el lago no es rojo

la nieve es lo que no vuelve
 lo que no tiene línea

la flecha vuelve por otras líneas
 volvería

V. la línea / el sentido

un vacío lleno de lugares

el sentido es como cuando no estás
    el tacto de las huellas dactilares
    ideas sin su pájaro

a lo largo de la línea el pasado va creciendo
como un cántaro cada vez más lleno
crece por dentro
    crece lo que es

a lo largo de la línea crecen la tristeza y la alegría
recuerdan cada vez más su pasado común
y se van volviendo lo mismo
como cuando estás y cuando no
    cuando deliro con la falta de sentido
    o con el exceso de sentido

un lugar vacío lleno de lugares
    la distancia entre esos lugares

a lo largo de la línea nos reconocemos en el aire

así suena la oscuridad

besarnos infinitamente
                    después del sexo
      es nuevo
nada tiene por qué ser nuevo
      basta con que sea real
nada tiene por qué ser real
      basta con que sea bonito

besarnos infinitamente después del sexo
      es real, bonito y nuevo

la línea no va hacia la luz

la línea es el sonido de la oscuridad
      los sonidos

después del rojo
detrás del naranja
hay más

distancias sin lugares

detrás del ahora
                del rojo
después del aquí
                del naranja
hay más

hay niños que sueñan y niños que no sueñan
hay niños que despiertan y despertamos

a lo largo de los niños nos reconocemos en el juego

hay niños que nadaban en los lagos de aquí
hay niños que nadan en los supermercados del mundo
        compran y nadan y venden y sueñan

hay sonidos que no viajan por el espacio
        viajan por el tiempo
        vuelven infinitamente a lo largo del tiempo

como cuando cantamos con los ojos cerrados
        y los oídos abiertos

con una única boca
       como un pájaro tiene dos alas
para escuchar la oscuridad y jugar a la luz

la línea es el infinito de la confianza

aquí es el juego de nosotros
ahora es el juego del pasado

VI. lo que no se dice

un cántaro se llena de miedo enamorado

siempre

el cántaro deseaba que yo oyera el agua
que lo iba llenando
el sonido desea que exista el oído
el blanco desea que exista la flecha
la trayectoria
no tiene por qué haber un impacto

pero el blanco tiene dos alas

el deseo tiene dos alas

lo que no se dice existe
quizá dentro del cántaro
que no es el material que lo conforma
sino el espacio que contiene
quizá en el corazón del pájaro
o en una de sus alas
o en la unidad de sus dos alas

quizá durante el rojo de los besos
o en el naranja de después

lo que no se dice no tiene por qué oírse
basta con saber que existe en algún lugar

pero yo quiero oírlo
yo quería el impacto

la oscuridad no contiene la luz

la oscuridad envuelve la luz
la luz envuelve la oscuridad

una de estas ideas es verdad y la otra es mentira

la verdad envuelve la mentira
la mentira envuelve la verdad

la nieve envuelve la palmera

llevo una palmera nevada en el olvido

al fondo de la tristeza
hay más
dentro del pájaro
hay más
después del impacto

el lago tiene un secreto
el lago no es rojo
el secreto del lago es la evaporación

lo que no se dice incluye
que quiero oír lo que no se dice

lo que no se dice no contiene el silencio
      envuelve el silencio
      desborda el silencio

el oído desea que exista el silencio
el ojo desea que exista la oscuridad
el sexo desea que exista el amor

lo que no se dice tiene dos alas
    una es el miedo
    otra es la alegría
    o una es verdad
    y otra es mentira

    una es el sexo
    otra es el amor

lo que no se dice es el deseo de la oscuridad
lo que no se dice es el infinito de la alegría

el agua caía despacio
entra por el lago y sale por un grifo
    sale por las plantas

lo que no se dice no queda en la oscuridad
    es mirar con un ojo
    mirar con dos alas
    tocar unas huellas dactilares
es la oscuridad
y ahí también estamos

VII. voy a verte

no quería escuchar más las huellas dactilares

quería llenar el cántaro de agua, como
se llena una habitación de luz, como
se llena un cuerpo de amor

el cántaro no es la botella
        la botella era de cristal
        el cántaro es de deseo

empecé a caminar hacia tu barrio
sin ninguna idea
        me llevaban la caricia, la memoria
        la punta roja de la flecha

como se llena la caricia de cuerpo
como se llena el blanco de deseo

una cosa es el deseo de la flecha y otra
es el deseo del blanco

el deseo de nosotros tiene dos alas

para ir y volver por el aire

por el tiempo

un ala es de espacio

la otra es de sueño

besar el tiempo

besar el pasado,

los años perdidos,

no es como besar una boca con una boca

ir infinitamente por la lengua

no es como interrumpir la música con una caricia

ni como superar la música con una caricia

ni como escuchar la música de la caricia

es ir hasta el fondo de la música y la caricia

no querer escuchar las huellas dactilares

es una alianza entre el aire y la velocidad

entre el olvido y la vida

entre la humedad y el placer

una alianza antigua entre la precisión y el sueño

una alianza antigua entre el sueño y el presente
velocidad sin tiempo
luz sin misterio

besar infinitamente la flecha que vuelve
volvería

como se llena la velocidad de lentitud

besarnos hacia el pasado
más rojo que nunca
más naranja que ahora

ahora sin ahora
línea sin aquí

VIII. en la burbuja

en la burbuja no hay afuera

un mundo se termina y otro
se configura

una habitación se llena de luz
en la burbuja
cuando alguien entra

el pasado se llena de presente
como se llena el amor de sexo
el sexo de amor

la fragilidad genera confianza
la confianza borra el mundo

la burbuja es el infinito del olvido

la desaparición del mundo deja un vacío
deja un resto

ese vacío es el rojo
  la soledad de la palmera
  la alegría de la tristeza
ese resto es la idea de burbuja

el deseo desborda el sexo
como el amor desborda el corazón

el olvido llega hasta el fondo del lago
encuentra aire en el lago
encuentra un ojo en la oscuridad

el olvido encuentra un vacío en el fondo del niño

el olvido encuentra un resto y lo transforma en burbuja

la punta del olvido ya era línea

miramos hacia el fondo del presente

escuchamos la música de la caricia
la música de la caricia limita con la risa

desborda la risa
limita con el llanto
desborda el llanto

el llanto contiene el lago
el recuerdo del lago
el olvido del lago
el resto y el vacío

en la burbuja el cántaro
es el agua que contiene
la burbuja contiene lo que se desborda

la burbuja se desborda hacia adentro

en la burbuja el beso
contiene la burbuja

el beso también es mirarse a los ojos
desde el fondo de los ojos
abrazarnos desde el fondo del beso
escuchar la caricia, el agua
de la caricia

mirar el futuro desde el fondo del beso
hacia el fondo del sueño

estamos en la burbuja
que está al fondo de nosotros

la burbuja está en el tiempo
el tiempo está en nosotros

la precisión está en el aire
el blanco está en la flecha

IX. traicionarse

confundir un cántaro con una botella

querer oír lo que no se dice
querer decir lo que no se oye
    lo que no se ha oído antes
    con el oído interno

ignorar que el naranja desborda el rojo

a veces habla el miedo
y dice que la flecha se cae de la línea
    lago que se cae del cielo

a veces habla el miedo
y dice que el pájaro está hueco
    pájaro que se llena de agua

querer decir la hierba
en lugar de mirarla o abrazarse en ella

a veces el agua se ahoga en el cántaro, dice el miedo
el miedo confunde una botella con un cántaro

vas caminando sobre la hierba
          pensando en el color de tus pasos
          o mirando para adentro
y el niño se fue detrás del aire
y ahí terminó todo

vas caminando sobre la hierba
y de repente estás descalza

el pájaro cuida al niño
pero también puede llevárselo volando

el niño traiciona al pájaro
el niño traiciona al lago
pero siempre vuelve
          volvería

traicionarse
es confiar en las voces del miedo
pero también sería no escucharlas

X. la transformación

la botella se convierte en cántaro

el tiempo es finito
el deseo es infinito
el deseo convierte el tiempo en infinito

la botella contiene agua
el cántaro contiene el vacío
       contiene agua y habla del vacío
       contiene por dentro y dibuja por fuera
       contiene por fuera

la caricia no se convierte en música
la caricia genera música

una cosa es no confundir una botella con un cántaro
       o un cántaro con una botella
               y otra
es no oír ni ver la transformación

no soñar con la transformación
una transformación que desborda el sueño
exactamente como el agua no desborda la botella
como el cántaro desborda la botella
como la lentitud desborda la velocidad
como la flecha desborda la línea
y la vida desborda el sentido

como nosotros desbordamos
la idea de nosotros

dicen que si caminamos sobre la hierba
        la cara se nos colorea de verde
dicen que si pasamos mucho tiempo con niños
        empezamos a pensar
                a sentir como ellos
yo digo que si caminamos sobre el lago
        la cara se nos colorea de azul
        y empezamos a sentir como niños
                a pensar como alas
tú dices que si nos besamos infinitamente
        las alas se nos colorean de rojo
        y el presente se convierte en destino

yo digo que si nos acostamos sobre la hierba
la hierba se colorea de naranja
tú dices que probemos

un pájaro vuela hacia sus alas

la flecha se convierte en blanco

ahora una forma nueva
de estar juntos cuando estamos solos
la cercanía desborda la distancia

el lago renace en nosotros
renacería

no hace falta volver al lago
nos habíamos ido del lago, pero el lago no
se había ido de nosotros

un pájaro está triste
un pájaro está cerca
dos pájaros están cerca

un ala está triste

un pájaro tiene dos alas

dos pájaros tienen dos alas

XI. la tristeza

hay algo triste

    siempre

cuando está triste el cuerpo de nosotros
el sexo es diferente
más cercano a la hierba
más parecido al sueño
    un lago interrumpido por el tiempo

no hay algo alegre siempre

la tristeza no tiene por qué generar sufrimiento
    nos abrazamos a la tristeza
        en la tristeza

salimos de la tristeza como se desborda el aire,
como se llenaba un cuerpo de tristeza
    como se llena una época de sufrimiento
    como la burbuja se convierte en una costumbre
    como la alegría se concreta en el sueño
        el sueño en la alegría

la tristeza es un comienzo
        una forma de encuentro
el sexo es un encuentro con la forma

en el sueño hay un lugar en que la tristeza y el sexo son lo mismo

en la música hay un lugar en que estamos solos
        cada uno de nosotros solo

un lago está solo cuando el cielo lo mira
una palmera está sola cuando la nieve la cubre
        la transforma
estar solo no es triste
lo triste es el lugar

a veces la música se pone de puntillas
entonces la tristeza se enamora de la alegría
        canta la flecha
        canta rojamente por el aire
        canta tristemente hacia el niño

en la música hay una soledad enamorada

la alegría es una indecisión
la alegría es una indecisión relativa al mundo

parecía que la tristeza era lo único verdadero
pero la alegría es igual de verdadera
       igual de triste

en el lago hay un lugar en que la violencia y la ternura son lo mismo
en cada niño hay una alianza
entre el lago y el recuerdo del lago,
una alianza antigua y triste que se concreta en la alegría
       de nosotros
       del lago
       de los niños que sueñan con el lago

la violencia se enamora de la ternura
       y puede empezar
          podría
       la transformación

la tristeza de la nieve la vuelve roja

en la tristeza hay un lugar en que estamos muertos

en cada niño hay una distancia

desbordarse hacia la tristeza es una forma de entenderse
de estar cerca
sexo sin cuerpo
ojos sin ver

XII. la lentitud

desbordarse es el infinito de la lentitud

íbamos por los supermercados del mundo
    sin nada que comprar
    a reconocernos
        en los ojos
        en el aire y el agua
        en la respiración
        en lo que no somos
y mirábamos cómo respiraba el mundo abrazados
y nos costaba entender
no qué pasaba ahí
sino qué hacíamos nosotros ahí

la nieve es el infinito del lago

cuando todas las ideas fallan
buscamos explicaciones en los sueños,
donde la idea de causa es una flecha
que vuela hacia atrás

lo triste no es que no podamos volver al lago
lo triste es volver

cuando la nieve vuelve
se enamora del pájaro,
la lentitud de la nieve se enamora
de las alas del pájaro
del aire del pájaro
cada copo de nieve se enamora del aire

hay una lentitud de las ideas en la burbuja
una lentitud de los cuerpos
es por la flecha que atraviesa el agua
y gotea lentamente
es por la música que atraviesa el pájaro
y lo desborda alegremente
es por el pájaro que atraviesa el corazón
y gotea rojamente sobre el blanco

una alegría lenta y roja cae sobre las ideas
la idea de causa surge en la lentitud
la idea de sentido se borra en la línea

es por la distancia que atraviesa el lugar

la línea y el sentido son diferentes
la diferencia es lenta

diferentes como dos gotas de agua
diferentes como dos copos de nieve
diferentes como un copo de nieve

XIII. los supermercados del mundo

vamos hasta el fondo del juego

no todo es dar o recibir
hay una economía interior
pero también hay poner en juego las carencias
nos abrazamos en las carencias y miramos el vacío
un vacío que no se llena
        que hermosamente no se llena

el vacío desborda la economía
la verdad del vacío, mirar
desde el vacío
y ver lo que tenemos:
una bicicleta sin ruedas
        para cuando no queremos ir a ningún lado
un paraguas roto
        para cuando no llueve
una eternidad con un solo ahora
        para cuando queremos quedarnos en el lago
un cántaro
        para trasladar el vacío

una botella
para asistir a la transformación
una flecha sin punta
para cuando no llueve
para cuando el pájaro no vuela

el mundo es donde estamos fuera
los supermercados son el infinito del mundo

los supermercados del mundo quieren comprarnos
compran el juego
venden las reglas
compran el deseo
venden la velocidad

quieren vender la idea de causa
el deseo es el infinito del vacío
el amor es el infinito de la muerte
y la precisión del olvido borra la idea de causa
y el deseo no es el infinito del vacío
y el amor no es el infinito de la muerte

había una línea, dice el olvido
estoy aquí, dice la burbuja
no hay ninguna línea, dice la línea

en los supermercados del mundo encontramos personas
        que nos miran desde los escaparates
no entendemos si se venden o venden lo que no tienen

no necesitamos entenderlo
el juego no tiene por qué entenderse
basta con jugar o no jugar

estoy aquí, dice el cántaro
estoy ahora, dice la alegría

XIV. el juego / la alegría

el juego es una indecisión

el juego es una indecisión relativa al tiempo
una alianza imposible entre el lago y el destino
        entre el lago y el niño

el niño sueña con el lago
el lago sueña con el niño
el sueño no tiene por qué ser bonito

en el aire, el juego
es una alegría relativa al espacio
el pájaro no sabe dónde va
la flecha sabe dónde quiere ir

el cántaro no estaría vacío de agua
estaría lleno de aire

un cántaro vacío
        para cuando queremos pájaros que vuelen por el aire

un cinturón con un solo agujero
para que nada cambie

el juego es el infinito del niño

el juego tiene dos alas
una alegre y otra triste

la burbuja no tiene puerta
y esa puerta tiene una llave
nos hemos tragado esa llave

la flecha va por la línea
o dibuja una línea por donde va
el pájaro va por su cuenta
dos clases de juego
dos clases de alegría

el pájaro no sabe contar
por eso no sabe que tiene dos alas

en los supermercados del mundo enseñan a contar
y cuentan

un reloj con una sola hora
una oscuridad con un solo ojo
un lago con un solo niño

una puerta con un solo lado
un beso con una sola línea
una caricia con un solo futuro

un árbol con una sola rama
un juego con una sola duda
un pájaro con un solo aire
una vida con una sola duda

nos hemos tragado esa duda

las alas son el infinito del pájaro
la flecha se confunde con el pájaro
la vida se enamora del olvido

XV. el sueño

el sueño es un sueño

el pasado es un sueño
nací en el lago donde ahora te bañas
éramos nosotros en el momento de nacer
y nos fuimos alejando de nosotros con el cuerpo,
acercando a nosotros con el sueño

el sueño se va pero persiste
tiene que irse para persistir

el pájaro no sabe que no ha olvidado el sueño
          nunca lo ha conocido
el deseo no sabe que ha nacido en el sueño
el sueño no tiene burbuja

hablábamos en el pasado
sobre el cielo, sobre la flecha
que soñaríamos, sobre
la caricia que jugaríamos

las escenas se suceden una dentro de otra
en el pasado, que,
como un sueño es más real que muchas cosas,
es más real que el cielo

la flecha va por el cielo
en el pasado, va
sobre el cielo, limpia,
indiferente a todo salvo la línea
y el blanco
        y el sueño
entra en el cielo y hablaría

el cielo mira la hierba y la ve azul
el cielo se mira y no se ve azul
        ve aire

el pájaro se convierte en aire

el cielo mira el lago y se ve naciendo

cuando en la alegría el cántaro es el agua
que contiene, el agua crea el cántaro
    el sexo crea el cuerpo como
    el amor crea el pasado,
    como el niño crea el lago

un niño en el lago es el infinito de nosotros

el sueño no depende de la flecha
el sueño configura la flecha, como
el encuentro en el blanco configura el mundo
    como el encuentro en el rojo
    configura el cuerpo

el blanco tiene un secreto
el secreto del blanco es que se mueve

el sueño desborda el pasado
la flecha desborda el sueño

el futuro era un sueño
y ahora es un pájaro que contiene el cielo

XVI. la idea de causa

¿por qué se desborda un cántaro?
porque no cabe más agua
o porque el grifo está abierto
    o porque nadie cierra el grifo
o porque el sonido es cada vez más agudo
o porque es una botella

¿por qué se desborda el presente?
porque no cabe más pasado
o porque no cabe más futuro
o porque el futuro está abierto
o porque no es un cántaro

¿por qué se desborda el blanco?
porque espera infinitamente más rápido
    de lo que vuela la flecha
o porque no cabe más sexo enamorado
o porque nadie cierra el grifo

¿por qué se desborda un pájaro?
porque tiene dos corazones

¿por qué se desborda un corazón?
porque muchos pájaros laten dentro de él

¿por qué vuela la flecha?
porque el blanco la espera
o porque un pájaro vuela
o porque el sonido es cada vez más agudo
o porque el blanco no la espera

XVII. el blanco

el blanco es nuevo

cuando la flecha da en el blanco
surge el blanco
el blanco no existía antes del impacto

el centro del blanco ya era rojo

cuando la flecha da en el blanco
surge la flecha

en la flecha el pasado desborda el presente
en el blanco el futuro desborda el blanco
        desborda el espacio
        desborda el deseo

y aquí el pájaro contiene un cielo por el que vuela un pájaro

voy a verte, dice la flecha
más rápido, dice el blanco

yo veo la línea, dice la flecha
yo no veo la línea, dice el blanco
      no necesito ver la línea, dice el blanco

la línea no tiene por qué verse
basta con saber que existe
      con saber que no existe
      que existiría

tengo miedo, dice la flecha
no me voy a ir, dice el blanco

ÍNDICE

Esta primera edición de

FLECHA DE NOSOTROS

de Mariano Peyrou

se terminó de imprimir

el día 26 de enero de 2026

Diseño gráfico: PRE-TEXTOS (S.G.E.)
Primera edición: enero de 2026

© Mariano Peyrou, 2026
© de la presente edición:
PRE-TEXTOS, 2026
Luis Santángel, 10
46005 Valencia
www.pre-textos.com

IMPRESO EN ESPAÑA / PRINTED IN SPAIN
ISBN: 979-13-88054-10-5 - DEPÓSITO LEGAL: V-48-2026

Impreso en Safekat SL